S.O.S V.O.Z

(Sociedad obstinada a sobrevivir con voluntad ordenada en una misma zona)

Marla Rodas

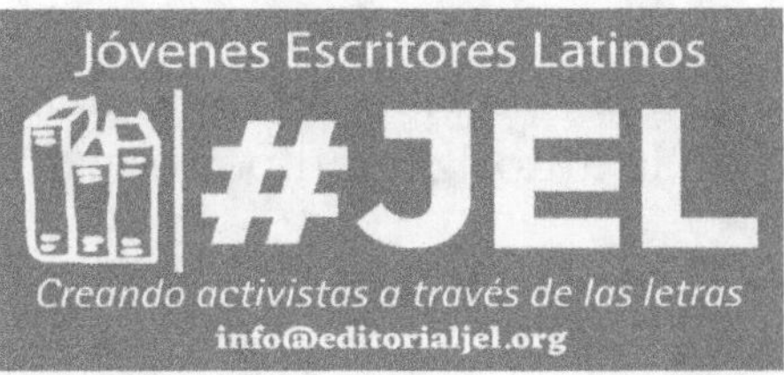

Marla Rodas

S.O.S V.O.Z

Marla Rodas
escritoraypoetisamarlarodas@gmail.com

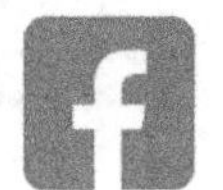

ISBN: **978-1-961083-08-0**
Editorial #JEL
info@editorialjel.org
Impreso en USA

Pinturas en oleo de: Marla Rodas
Fotografías de pinturas: Marla Rodas
Otras fotografías de: Marla Rodas
Diseño de portada: Frank Lugo

La dedicatoria de este libro es para mi madre.

Me hubiera gustado tanto, habérselo dicho cuando estaba viva.

La muerte no espera, ni nos da tregua; hay que expresar nuestro sentir cuando es preciso, después disminuye su sentido.

Marla Rodas

S.O.S V.O.Z

Prólogo

La brevedad en la poesía es un verdadero arte, se trata de tejer pensamientos y emociones, sintetizados en los versos. Y lograr que el lector despierte sentimientos en su lectura, es una hazaña.

La poesía aflora de lo más intrínseco del autor, muy pocos se atreven a desnudarse a través de las letras. Los poemas son una radiografía personal… Fluye, como agua cristalina, esta propuesta poética.

La autora, en este poemario, expresa sus miedos y esperanzas; plasma su tristeza, la soledad y la ausencia, ya sea de una persona o la física de su país. Logra tocar las fibras más finas del alma.

Pasa de la melancolía a la expectativa, a veces con fe; otras, con optimismo. Se escucha la voz del consejo. Cuenta una historia sin contarla. Resalta, por ejemplo, estereotipos del ser humano. Desenmascara, las máscaras que usan algunos para transitar por la vida. Se despoja de los desamores para entrar en el romance donde existe el amor, las recompensas, el olor de esa pareja que te hace sentir especial. Hay partes que se resumen en abrazos y besos. Otros sentimientos son explorados: la hipocresía tiene un lugar sin caer en el reclamo, son infinidad de temas que se tratan en este libro.

Leer es un viaje, como en paracaídas, viendo tantos tópicos, para sorprendernos al llegar al Poderío; un grito a la situación actual en la política. La denuncia desde el punto de vista del pueblo. Un atrevimiento que pocos tienen para expresar su punto de vista. La frustración que causa la corrupción, el populismo y las promesas falsas de los candidatos políticos que al llegar al poder se olvidan de trabajar para el bien común. Pasando por los consejos con el buen uso del sarcasmo, cargados de sabiduría o de veracidad. Símiles o metáforas humedecen estas páginas. De lo cotidiano a lo complejo. De lágrimas a sonrisas. En las quejas leemos el uso de la analogía, retórica desperdigada en su esplendor. Ahonda sobre la problemática, sus causas, situaciones y efectos en una relación amorosa. En Atropellos surge la voz de la denuncia, esta vez con temas de una sociedad sumergida en la discriminación e intolerancia. Escucharás la sofocación del que gritaba que no podía respirar, hasta morir. El murmullo de las protestas. Sale a flote la sensibilidad; de lágrima a llanto, de suspiro a sollozo. Es un jardín de rosas con espinas. Llegamos a los temas más sublimes, como la reparación de los daños, una especie de cura, un vendaje o remiendos de amor. Como vasija desquebrajada y vuelta a armar. La pandemia es un espacio dedicado a los estragos, muertes, sobrevivencias y efectos que nos dejó el virus, pero también nos fortalece de fe y esperanza de vida. Y para finalizar con broche de oro: la autora deja de último para ser lo primero, la remembranza de su origen, sus raíces, su cultura y lo relativo a su país de origen: Guatemala.

Este poemario, S.O.S V.O.Z, es un llamado, un grito, una denuncia oportuna, un consejo en este bullicioso mundo que solamente lo escucharán aquellas almas entregadas a la lectura…

Luis Xalin
Poeta guatemalteco
Houston, Texas

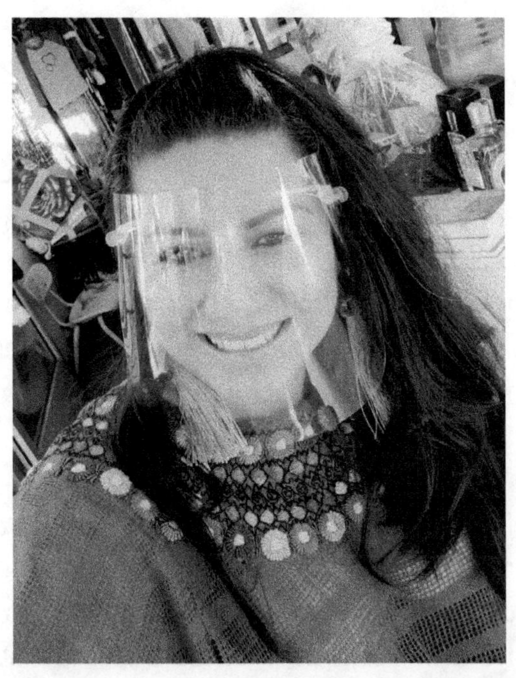

A Dios gracias que en medio de la pandemia (COVID-19), pude realizar estos versos y otros trabajos literarios. Dos veces contagiada, dos oportunidades de vida. Sobreviviente de cáncer en 2,023, tercera oportunidad de vida.

Marla Rodas

De la Escritora y Poeta Marla Rodas:

Millones de personas emigran de sus países natales en busca de oportunidades y llegan a los Estados Unidos para enriquecer esta gran nación. Este fenómeno se conoce como "fuga de cerebros" para los países que se quedan atrás y muchas veces sin volver a ver a sus ciudadanos emigrados.

El caso de Marla Rodas, nacida en Malacatán, San Marcos, Guatemala, es diferente. Ella salió de su amada Guatemala a los 18 años y como una verdadera embajadora de su cultura, enriqueció a los Estados Unidos con sus contribuciones literarias, su gran amor por la humanidad, su sentido de justicia y regresó a su país natal llevando los frutos de su trabajo en favor de la niñez de Guatemala.

Buscando ayudar a la niñez, la Escritora Rodas funda GUATE ESCRIBE, una organización sin fines de lucro que apoya académicamente a muchos niños guatemaltecos a continuar con sus estudios y, como ella, que trabajen para convertirse en orgullos guatemaltecos. guateescribefoundation@gmail.com

Marla Rodas, maestra de educación sin ejercer, creció al cuidado de sus abuelos y se convirtió en madre... sus dos grandes amores, Abel y Julián.

La Escritora Rodas es autodidacta y amante del conocimiento, dentro de sus muchos aprendizajes completó estudios en el curso de Computación Asociado a Los Negocios y en Cosmetología, ambos, en la Ciudad de Miami Florida.

Ella da ejemplo de trabajo y ayuda a causas como la igualdad de género, el respeto a la mujer y en general, a las causas justas.

Su pasión más grande ha sido escribir y ha escrito poesía desde que tiene uso de razón. Sin embargo, es hasta el 2009 que comienza a involucrarse en la industria de la escritura, participando en concursos de poesía en Centro de Estudios Poéticos en Madrid, España donde uno de sus poemas, "Terco Corazón," aparece plasmado en el libro "Palabras al Viento", realizando así, otro de sus sueños de que su trabajo literario sea publicado.

También ha participado en concursos de microrrelatos en Indeleble Editores en Guatemala. Su trabajo en las letras es reconocido a nivel internacional y sus libros son reconocidos como parte importante del legado literario hispano a nivel mundial.

En el 2010 publica su primer libro "**Segmentos de Agonía**" en USA, el mismo que se encuentra disponible en la prestigiosa librería Barnes & Noble y también en Amazon.com.

Su segundo libro "**Caminos sin Rumbo**" se publicó en su amada Guatemala en el año 2015.

Su tercer libro "**Suspiros en Poesía**" se publicó en USA en el año 2017.

Su cuarto libro "**Voces de la humanidad**" en USA 2019, disponible en Amazon.com.

Haciendo otro sueño realidad incursionando como novelista al escribir su primera novela: **"DESTINO MIGRANTE".** Publicación realizada en medio de la pandemia (COVID-19), en USA 2020, disponible en Amazon.com.

S.O.S V.O.Z

Posteriormente traducida al inglés: **"MIGRANT DESTINY".** Disponible en Amazon.com.

Cabe mencionar que tiene una lista de muchas de sus colaboraciones literarias en numerosas organizaciones y antologías.

En noviembre del 2017, fue nombrada Embajadora de Buena Voluntad por Golden Rules. (Embajador Clydes Rivers).

Es miembro activo de La Cámara de Comercio Hispana de Ontario, California. www.onthcc.com

Fue Productora y Locutora de su propio Programa "TU VOZ ES MI VOZ" en la radio www.radiocentroamerica.com tuvozesmivoz502@gmail.com

Fue Miembro de ADELA (Asociación de Escritores Latinoamericanos).

En febrero del 2022, sustentó las evaluaciones de ley para optar el título de **ESCRITOR**, habiendo obtenido en ellas, la aprobación correspondiente, que la acredita para el ejercicio pleno de su oficio u ocupación con las preeminencias de ley, del Ministerio de Educación de Guatemala. Diploma otorgado en septiembre del 2022, en el Consulado de Guatemala en la ciudad de San Bernardino, California, USA, por delegados del MINEDUC.

Actualmente la Escritora Rodas es directora de la organización literaria Jóvenes Escritores Latinos-Guatemala (#JEL-Guatemala), por medio de la cual motiva a jóvenes y adultos a convertirse en activistas a través de la literatura y, junto con su equipo juvenil, coordinó la antología juvenil **"COMO SALVAR NUESTRO PLANETA ¡HOY!".** Esta antología busca despertar a temprana edad el respeto por los recursos naturales y la salud de nuestro planeta.

Esta fabulosa trayectoria literaria y humanitaria hacen de la Escritora Rodas un verdadero orgullo guatemalteco.

Escrito por la escritora **#JEL MiriamBurbano**
Fundadora y Presidente de Jóvenes Escritores Latinos.
Los Ángeles, California 2023

Melancolía:

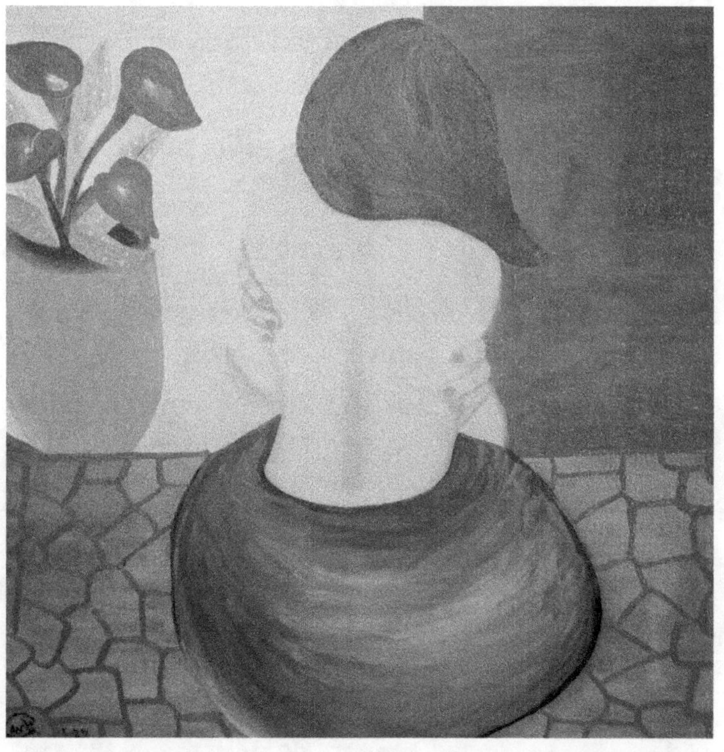

Alteración de las fibras profundas del sentimiento, con vibras agridulces.

Marla Rodas

Melancolía

El miedo se desvanece en las hojas del tiempo
se reduce la intensidad de tu ausencia
va cayendo el atardecer de la añoranza
dejando una astuta emoción de esperanza.

El silencio sombrío de la densa niebla
convierte los recuerdos en estado etílico
el amanecer entorpece el sueño fallido
y un vacío de zozobra del espasmo parido.

Vuelve de nuevo la constante rutina
con ilusión de tu imagen perdida
vuelvo a embriagarme de los recuerdos
vuelve la resaca del corazón a atormentarme.
¡Te has vuelto melancolía!

Adiós

La nostalgia toca mi espacio
tan cerca de mi piel
tan juntos como extraños.

La soledad es fría
que provoca tristeza.

Las cuatro paredes
encierra rabia pasada.
No hay perdón
a la ofensa de la dignidad,
a la causa de daños.

El enorme espejo
grita el resentimiento,
pisoteado de vanidad.
Por orgullo sostiene
un adiós rotundo.

Marla Rodas

Mi recuerdo

Se espinan mis huellas
en busca del destino,
te encontré dormido
en las alas del olvido.

Volví a buscar un nuevo camino
entre rosas sin espinas,
el mar no borra tus huellas
ni mis sollozos botados
en un par de esquinas.

Tantas líneas nos separan
con interminables océanos,
un recuerdo; montones de suspiros,
vivo con ellos, para aliviar tu partida.

Mi estrella

Que más da...
sentarme en el pórtico
o deambular en la cocina.

Las estrellas siguen inertes
no van a ningún lado,
ellas miran al sur
donde mi pensamiento me lleva.

Se dispersan en el cielo
como piedras en el río.
Murmuran entre ellas
el vacío de tu ausencia.

Mis ojos alcanzan a ver
escarlatas en el cielo.
Una de ellas está cerca de mí
la he tomado entre mis manos,
mis ojos cerrados
no permiten verla.
No quiero soltarla
no quiero dejarla ir.
¡Ha vuelto al cielo!

Marla Rodas

Vuelven a murmurar,
vuelvo a sentir el vacío.

No todas las noches son iguales,
mi estrella brilla más
cuando estoy nostálgica.

Su recuerdo es latente,
ella se dibuja en el firmamento,
me susurra un "te amo"
en la temible oscuridad.

Bendita distancia

Bendita distancia
que impide darte
el beso de buenos días,
el beso de buenas noches.

Bendita distancia
que no deja que te abrace
cuando estás triste,
cuando lo único que necesitas
es un abrazo.

Bendita distancia
que me llena de dudas,
que sabe hacerme daño
con tu ausencia.

Bendita distancia
que al tiempo lo hizo su aliado.
A ti,
te tiene aislado de mis besos,
a mí,
me ha dejado con el corazón enamorado.

Marla Rodas

Si supieras

Si supieras
los clavos que tengo,
no impide que vos,
sigas siendo prioridad.
No hay excusa incluida
solo hay interés.

Si supieras
lo que pasa a mi alrededor,
pero sigo demostrándote
que me importás.
Nada impide que deje de hacerlo
válido es mi sentimiento.

Si supieras
que hay noches que no duermo,
pero no dejo de decirte
que pienso en ti.

En cualquier minuto
de los 1,440 que tiene el día,
no falta un detalle
para decirte que "te amo".

S.O.S V.O.Z

Si supieras
el vacío que ronda,
si supieras
la frialdad que me abate,
si supieras más de mí
entenderías la importancia del detalle.

Si supieras
lo cansada que estoy,
pero restauro mis fuerzas
para dedicarte tiempo.
El tiempo se busca,
es la naturalidad del interés.

Cuando no hay nada,
para qué perder el tiempo.

Ser diferente

Quiero pensar
que en mi senda
ya no habrá más decepciones
vuelvo a creer
suele suceder...

Mi condición de siempre
amarra al oportunista,
ser diferente
no hurta mis ideales.

Dar a manos llenas
prioridad,
atenciones,
los detalles,
el tiempo.

Quiero ser diferente
cambiar mi naturaleza
sacarme la dulzura
llenarme de dureza.

Quiero ser indiferente
cerrar mis ojos
dormir en la cama de la razón.

No más sueños compartidos
no más entregas totales,
mi corazón debe entender,
pero sigue testarudo.

Silencio

Silencio de ternura
amordaza al amor
rompe en pedazos
al huérfano corazón,
los ojos se empapan de lluvia.

Silencio de latidos
endurece la pasión.
Se hace viejo el deseo,
la amargura brota por las uñas.

Silencio de silencio
ciega la cordura,
tu presencia está desierta.

Silencio de sentimientos
ensordece al intelecto.
No grita al viento
porque se quedó sordo.

Cita

La silla estaba fría por la neblina
mi paciencia al borde del desespero,
yo; puntual a la cita del recuerdo.
Tan solo un minuto
suficiente para ver de nuevo
el rostro de la melancolía.

Mis ansias no eran normales
mitad incertidumbre,
mitad vanidad.
Te encuentro como siempre
tieso al caminar.
Desconocido ante mis ojos.

El lugar,
se ha desgastado con el tiempo.
Las margaritas desaparecieron.
El aroma de la selva...
la ambición la volvió tufo.
El paisaje ha quedado cemento.
Mis ojos giraron con garbo
sin importar las vivencias.
No me alcanzó la lejanía.

Marla Rodas

Te volviste olvido

Se perdió el encanto de tu silueta
cuando te abrazó la oscuridad,
las estrellas no brillaron.

Tu apariencia
se desvaneció en la mirada mía,
te volviste olvido.

No hay tiempo regresivo
ni ilusiones figuradas
moriste en un ciclo ajeno.

Te volviste olvido
en el silencio de mis pupilas
no hubo espacio para la suerte.

Anónimo:

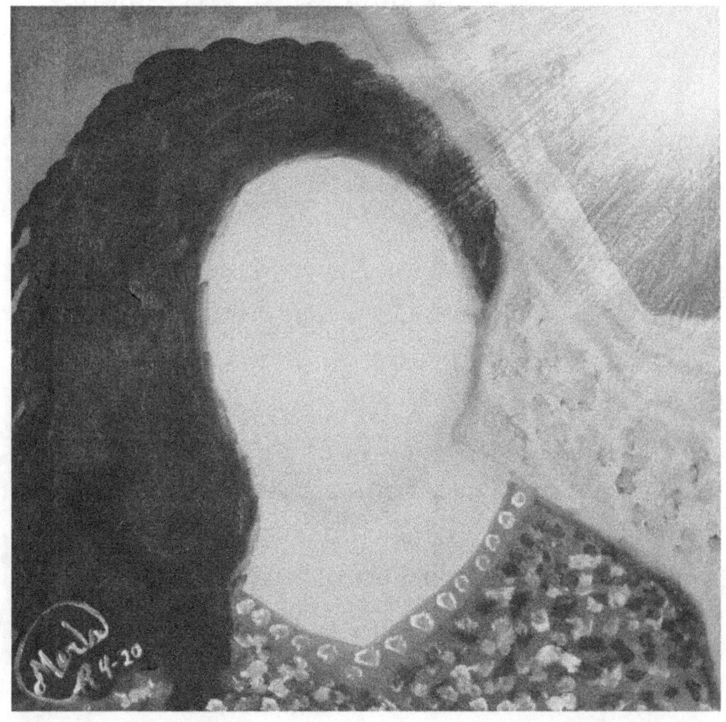

Sin rostro, con voz callada, incógnito del sentimiento.

Marla Rodas

Anónimo

Nos hicimos anónimo ante la multitud
vagamos como misterio
en medio de la neblina.
Otros le llaman redes sociales,
espejismo de secretos.

Fantasía mental
frustración de mediocres,
anónimo, detrás de la quimera.

Nos volvimos humo entre tanta gente
la magia se tornó a nube de fracasos.
El clic del suspiro
eliminó la historia.

La espera

Intrépido sonido del eco
insiste en repetir mis suspiros,
es vacío, es soledad.

Abrazo al miedo
con fuerza audaz,
tatuado queda
a mi piel pálida
para que el olvido
no me robe la memoria.

Cubro de flores
la cubeta de recuerdos
pinto de alegría
las paredes afligidas.

Limpio el cajón de la locura
me acomodo sin presura,
a esperar la justicia
montada en el lomo
del retrazado tiempo.

Se arruga la piel, se pierde la fe.

Marla Rodas

Desligo mis cabellos
al viento prohibido
que gritan libertad
al sueño dormido.

Que nunca más,
la verdad
esté sin rostro.

Seguiré en la lucha

Con mis pies cansados
en busca de las respuestas
sin encontrarlas en el camino.

Con mis ojos humedecidos
de la tristeza de antaño
la acompaña la rabia.

Con mis manos tupidas
de experiencia forjada
sin recompensa a tanto trabajo.

Con mi sombra embravecida
de luchar en la oscuridad
de encontrar solo fantasmas.

Con todo lo que soy…
seguiré en la lucha.

Marla Rodas

Conversaciones

Converso con tu sombra
en la oscuridad de mis penas,
estas ausente.

Terminamos mal
en la última conversación
te juré no molestar tus miedos,
borré tu nombre de mi soledad.

Bendito recuerdo
acechando mis noches de luna
escurridizo, entre las rendijas del olvido.

Vuelvo a conversar con tu fantasma
la locura revive tu nombre,
no vuelvo a soñar contigo.

Me hice invisible

Me hice recuerdo de tu olvido
enemiga de vagos suspiros
amiga del sosiego.

De ego llené mi cuello
de orgullo mis bolsillos,
no engaveté mis reclamos.

Me hice invisible a tus luceros
amiga de la muerte
enemiga de tu resuello.

Me hice historia de costumbre
de soberbia erguí mi semblante
de valentía mis arrebatos.

Me hice piedra, ante tu llanto.

Marla Rodas

Regreso

Por la brecha de la distancia
respiro aliento de vida,
respiro paz
cuando los escucho.
Ellos son mi familia.

El amor por ellos
me tiene en jaque y mate,
o me quedo o me retorno
no debo perder la fe en ese sueño.

El escondite de mis días
no es una mansión en Beverly Hills
son espacios de mi imaginación.

Mi diario vivir
sobrepasa mil lunas
con sabor a maíz
y unos granos de sal, he de pasar el día.

Mi mente se nubla
algunos sueños se escapan.

No pierdo la esperanza
solo quiero verlos,
el enfoque en mis metas
fortalece la decisión de mi regreso.

Difícil

Es difícil
enterrar un amor eterno,
tan difícil
como desear
el resplandor del sol y la luna juntos.
Es difícil
olvidar el recuerdo bonito
tan difícil
como tener estrellas en pleno día.

Es difícil
dejar de pensar en ti,
tan difícil
como ver peces caminar por la tierra.
Es difícil
borrar una historia de vida,
tan difícil
como revivir un cementerio de los más queridos.

El amor

El amor
no debe ser ignorado
tampoco insultado
ni pisoteado,
ni robado.

El amor
debe ser dos corrientes
de dos idas
de dos encuentros.

El amor
no es de 30 segundos
no es de mentira
no es de olvido.

El amor
debe caber en el mundo,
con ternura
con sueños interminables.

Marla Rodas

El amor
no es de recuerdos,
es de sonrisa,
es de vivencia,
es de partos.

Máscara

Una cara sumisa
con rostro de espiritualidad,
es solo una máscara.

Los ojos no mienten
la verdad salta con una mirada.

¡Brilla… la máscara de la codicia!

No hay validez en palabras huecas
son ahogadas por la ambición.

No hay máscara de pureza
que pueda esconder la soberbia.

La máscara tarde o temprano
se derriban.
Sale a la luz la verdadera careta.

Marla Rodas

La máscara de buena gente
no dura en los traidores,
en el momento preciso
se conoce la verdadera identidad.

La máscara de falsedad
se derrumba con la verdad
queda al descubierto la calumnia
con el golpe de la verdadera amistad.

Me gusta él

Me gusta él
como ser humano
me gusta él
como hombre.

Me gusta él
para algo más
sus gestos
su voz...
hasta su mal genio.

Me gusta él
para perder mis sentidos
para volverme a enamorar.

Me gusta su alma
quiero amarlo.
Quiero volver a soñar
quiero volver a besar.

Marla Rodas

Me gusta él
para jurar ante un altar,
jurarle amor eterno
sonrojarme ante sus ojos.

Me gusta él…

Romance:

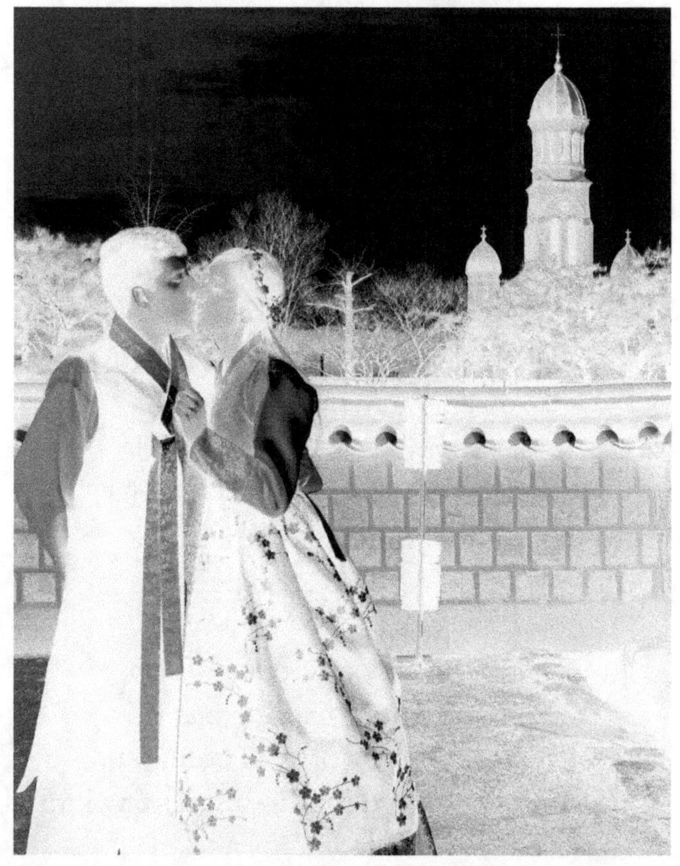

Es poesía, es canción, es el lenguaje del amor.

Marla Rodas

Romance

Conocer tu forma de vivir
escuchar tus conversaciones
convivir con tus pensamientos
ver de cerca tus acciones,
saber realmente quién eres
hace que te ame más,
mi confianza se fortalece.

El mundo puede manchar tu nombre
la envidia los carcome,
sin embargo, estar a tu lado
saber con certeza las verdades,
mi admiración incrementa,
mi respeto se expande.

Conocerte día a día
aumenta mi amor por ti,
ver con mis ojos tu corazón,
mi alma se adhiere más a tu buena voluntad.

El mundo conoce solo una parte
aquella parte malintencionada
provocada, anunciada,

por el mal sabor
que suda un amargo corazón.

Conocerte de cerca
es conocer al amor con sabiduría
es conocer la ternura con inteligencia
es conocer la pasión con cordura
es conocer al respeto con principios
es conocer la compasión con disciplina.
Conocerte de cerca
es amarte con todos mis sentidos.

¡Eres mi romance perfecto!

Madrugada

De madrugada sin horario,
estás como estampa
pegado a mi costado.

El aliento del amor
prohíbe devorar tus ganas,
el mundo está sereno.
En pleno oasis
el tic tac se detuvo.

La luz ha llegado
dando aliento al desliz,
nos queda intentarlo
en otra madrugada.

Corre el tiempo

Las estaciones del año
vuelan como el halcón
sin detenerse a saludarme.

La música de los árboles
se confunden con tus pasos,
has llegado a mi morada.

Corrió el tiempo
detrás de mi espalda,
me ha dado tregua
para quemar mi piel
con tus besos.

Se desprende
un pedazo de temporada,
un mordisco de celo
y las canas se hicieron época.

Marla Rodas

Noches de amor

Cada llegada del anochecer
veo cerrar tus ojos de alegría
escucho tu bendición para otro día.

Cada encierro en tus cobijas
es el refugio de lo querido,
en cada abrazo,
hay un beso perdido.

En cada final de día
nuestros susurros son de amor
renaciendo la promesa, al amanecer.

La jaula

La jaula no es de oro
ni de plata ni de bronce,
está hecha de barrotes de amor.

Con sus puertas abiertas
sin cerradura de celos
con la libertad de pensamiento
con los mejores cuidados.

Nada afuera es necesario
los buitres, esperan la salida.

No necesita volar a otro lado,
la jaula es libre y se llama amor.

Marla Rodas

Para amar

Para amar se necesita valor
determinación, sin limitaciones.
El eco de las palabras
son solo palabras.

Decir “te amo”, no cuesta nada
demostrarlo con hechos es el dilema.
De palabras
me como dos tacos de lengua.

Para amar hay que tener tiempo
es demasiado grande.
¡Sólo para los gigantes amantes del amor!

Para amar no hay excusas
sobran detalles...
Hay tiempo para decir "te extraño"
Hay oportunidad para "pensarte".

Amor es de dos

El amor es recíproco
es mutuo el deseo,
es desespero
de encontrar tus ojos.

El amor no se ruega
se da
se recibe a manos llenas.

El amor no se mendiga
se expresa de muchas maneras.
El tiempo es valioso,
muy escaso
no hay tiempo de perderlo,
es tiempo de invertirlo
en quién ama de verdad.

¡El amor, es una expresión inteligente!

Las recompensas

Las recompensas llegan
cuando menos las esperas,
llegan disfrazadas de flores
envueltas en besos.
Las recompensas llegan
con olor a prada,
sabor a chocolate,
miradas de ojos coquetos.

Las recompensas llegan
en fechas significativas
navidad, fin de año,
gracias…
exquisitas recompensas.
Las recompensas inesperadas
vienen envueltas en regalo,
con color de amor,
chispas de alegría.

Las recompensas llegan
con tentación de pasión
abrazos de protección.
Las recompensas llegan,
llegan a su debido tiempo.

S.O.S V.O.Z

Hueles rico

Hueles rico,
hueles a toques de madera
hueles a otoño, a invierno.

Hueles rico,
como flores del campo.
Hueles a aire de la montaña
a amaneceres, a atardeceres.

Hueles rico,
como lluvia de mayo.
Hueles a frescura de manantial
hueles a café recién hecho,
hueles a mi chocolate favorito.

Marla Rodas

Regálame

Regálame un abrazo muy fuerte,
con todos tus buenos deseos.
¡Abrázame!
hasta sentir el latido del corazón.

Sólo regálame tu mirada a mis ojos
con letras del alma,
yo lea en ellos
el significado de la navidad.

Regálame tu sonrisa
una de las tantas que compartimos,
dime en ella, que aún sonríes al verme.

Sólo regálame tus palabras de ánimo
las únicas que necesito.
Regálame tu bendición
desde la sinceridad de tu corazón.
¡En ésta navidad, sólo regálame
lo que no paga, la plata ni el oro.

Desafecto:

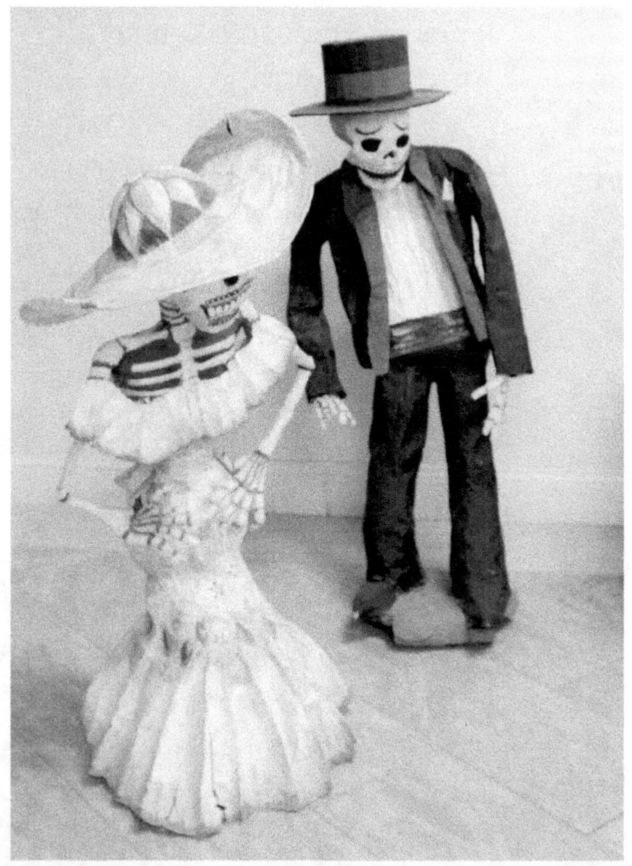

Carencia de ternura, abundante indiferencia.

Marla Rodas

Desafecto

Las realidades no son como son
tu piel tan fría como la muerte
triste el palpar de los sueños.

Las verdades no son como son
tu mirada se pierde como el tiempo
escabullida en la mentira.

Los valores no son como son
tu dolor es como el espejismo
perdido en tu propio desierto.

Los instantes no son como son
tu realidad es como la rutina
repetida en diferente colchón.

Ausencia

Estás conmigo, sin estarlo
como la noche sin su luna
como los días nublados,
sin el resplandor del sol.

Vas a paso acelerado
ignorando mi presencia,
agilizas el caminar
perdido en la ausencia.

Me sostengo de tu mano
me sueltas de inmediato,
vuelvo a la deriva
pierdo la esperanza.

La ausencia
se perdió en el olvido.
No queda ni el recuerdo.

Marla Rodas

Mientras

Mientras más me ignoras
más rabia me das,
detesto esa mala manera,
quieres llamar la atención.

Mientras me dejas de hablar
más rápido te dejo de extrañar
poco a poco te pierdo el valor.

Mientras más patán te comportas
más me alejo de tu entorno
despacio sin hacer ruido.

Mientras más te crees importante
te dejo en el olvido
borro tu nombre de mi memoria.

Palabras huecas

Perdí unas horas
desperdiciadas en palabras
no tuvo sentido.

Olfateé tu deseo
a flor de piel lo traías
olías a mentira.

Tus palabras huecas
olvidadas en el tiempo
sin dejar huella.

Marla Rodas

Fuerza

No se extraña
lo que no se tiene
mi orgullo da fuerza
a mi dignidad.

Salto del barco
no por cobardía
escapo del desamor.

Simple de resumir
mi ego es fuerte
no me amas
no te amo.

Sin ofensas
sobreviviría el amor.

Memorias

Tantas memorias captadas
de momentos no rescatados,
se borró el negativo de lo nuestro.

Muchas memorias borradas
por el tiempo,
por el olvido.

Tantas memorias no reveladas
algunas guardadas,
quizá para la historia.

Muchas memorias ignoradas
despreciadas a la deriva,
a la espera de la luz.

Marla Rodas

Doble cara

Sonrisas de hipocresía
amena conversación
comienza la mentira.

Cuervo vestido de gorrión
de flor en flor el veneno
convincente el pajarito.

La respuesta sin sentido
en el rincón del olvido
dos caras a la vida
dos caras a la muerte.

El cansancio cae
la mentira a su lado
dos que tres acompañantes
al cementerio de la traición.

Cada vez

Distante se vuelve tu imagen
perdida de mi visión
cada vez lejos de mi objetivo
no me conviene tenerte.

Me decepciona tu actuar
no durará esta aventura,
cada vez tropiezo con dudas
tus verdades son mentiras.

Distancia se volvió tu espacio
no te miro en mi futuro,
cada vez más lejos
no sufriré más tu abandono.

Hieres mi inteligencia
estás equivocado con tu soberbia.

Marla Rodas

Búsqueda

El amor no debe ser cruel,
tú lo haces cruel hiriendo,
hieres mi corazón.
Ya no le caben más curitas.

Alejate de mi
yo creo en el amor,
alguien debe andar perdido
debe ser mi alma gemela
debo encontrarlo
no debo darme por vencida.

Ausente

Otro día de esos especiales
que la gente normal festeja
otro día que no estarás aquí.
Navidad, año nuevo,
día del amor, mi cumpleaños
se pierden en el calendario.

Ausente como siempre
excusas van, vienen y sobran
no encuentro razón para esperarte.
Otro día de esos
que muero de nostalgia
a la espera de una sorpresa
angustiada vivo bajo tu sombra.

Mi corazón ya no soporta más,
está adolorido de tanto engaño...
está adolorido de tanto maltrato.
Otro día más
con incertidumbre
con ojos aguados
dolor de pecho,
otro día,
y mi amiga tenía razón.

Marla Rodas

Poderío:

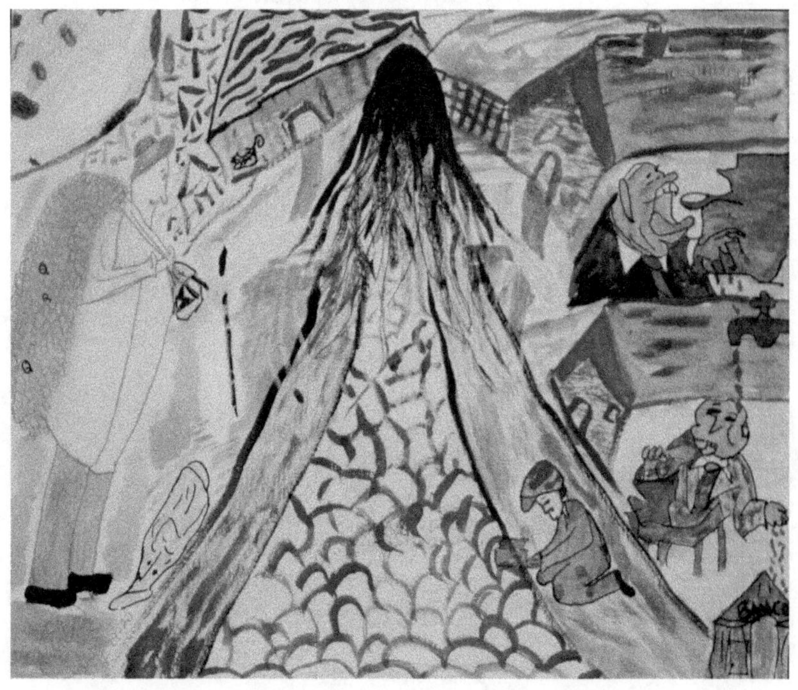

Cuna (fragua) de atracadores
sobre el más débil.

Marla Rodas

Poderío

La música y sus partituras
el amor y sus partiduras.

El poeta y sus versos
los cristianos más perversos.

El refrán y su mensaje
el gobierno más salvaje.

El cuento más creíble
el enemigo susceptible.

La monja y sus amores
la bruja y sus horrores.

El adicto y sus abusos
la chismosa y sus discursos.

La canción y su romanticismo
la gente y su fanatismo.

S.O.S V.O.Z

La historia y sus mentiras
el cobarde y sus guaridas.

No hay espacio para el tiempo.

No hay simpatía para la empatía.
Ni amor para la cobardía.

Los políticos

¡Lecturas nocturnas!
algunas por la madrugada,
todas con el cliché político.
Vuelve la misma cantaleta.
¡Infestado de publicidad política!
Vuelven los lobos, vestidos de ovejas.

Cierta resignación me provoca
el mismo modelo de promoción
usan la religión, la educación,
la salud, el bienestar social,
el anzuelo desgastado.

Muchas maneras diferentes
de querer convencer;
falsas novedades,
las mismas promesas electorales.

¡Soy espectadora silenciosa!
Unos izquierda, otros derecha
¡Rancio olor a política!
La mayoría se va al menos peor
quizá a la mejor conveniencia.

Hay diferentes ideologías
cada quien defiende la propia,
¡pero nadie puede imponer
ni decir cual es la nuestra!

Quien tiene ideología no es veleta,
quien es fiel a sus principios
mantiene una postura mal o bien.
¡Igualdad de oportunidades!
a algunos no les conviene.
¡La decisión es difícil!

Asesinato

Una vida tan joven
y sin conocer sus talentos
ahora su cuerpo inerte
en la caja de la muerte.

Qué valor puede más
que una vida...

Una vida tan joven
cortaron sus días antes de tiempo
gota a gota de sangre
no limpia la injusticia
no sana la ira
no devuelve la paz.

Una vida tan joven
a cambio de la ignorancia
la muerte no devuelve la cordura.

Faltan muchos siglos… para entender.

Mi punto de vista

La política, la religión y el fútbol
son temas tan intensos
que cuando no estamos
empapados del conocimiento,
nos despedazamos entre nosotros
argumentando nuestro punto de vista
con tan poco.

No soy política,
pero he ejercido mi derecho a VOTAR
como guatemalteca viviendo en el exterior,
es mi obligación seguir ejerciendo mi voto,
por el bien de mi país
que me vio nacer y crecer.

Analizo a cada uno de los candidatos,
no hay uno,
que no tenga cola que le machuquen…
creo que el deseo de todo guatemalteco
es de una patria sin delincuencia,
y a que se debe, a falta de educación,
de oportunidades de trabajo.

Marla Rodas

Necesitamos;
hospitales con medicina
carreteras en buen estado
mejor educación.

Guatemala es un país impresionante
el turismo en decadencia,
fuente de ingreso
para muchos que viven del turismo.
Da tristeza leer en las noticias
la muerte de turistas
a manos de delincuentes.

Hay graduados sin trabajo.

¿Por qué nuestros niños
tienen que trabajar para alimentarse?

Como cristiana,
lo único que le pido a Dios,
que haya PAZ en mi Guatemala
y mi gente viva tranquila
sin temor a la delincuencia.

Afíliate

Primero "Afíliate" la modalidad,
el camuflaje perfecto
de decir "vota por mí".
Campaña anticipada
no conocemos sus nombres
las mañas son las mismas.

"Afíliate" el lenguaje oculto
engañando con proyectos falsos.
Se satura las redes sociales
a horas de iniciar la carrera,
pensé que me había equivocado
volví a iniciar sesión.
El mercado ya está abierto
gritan… ofreciendo y ofreciendo.
Tantos símbolos con colores vivos
para llamar la atención.
Pero no volverán a comprarnos,
sí ya nos quitaron el espejito y su resplandor.
Unos apuntando con el dedito
otros agarrando el lápiz
unos uniendo manos
otros mostrando colmillos.

Marla Rodas

En fin,
cada quien con su insignia de referencia.

¡Muchos! con cartera de proyectos
con su carnada en el anzuelo,
otros los he visto en Estados Unidos
y conozco sus mañas.
Unos cerraron sus negocios
interrogantes en el aire...
Labor Commission, quizá las despeje.
"Ahora son candidatos en Guatemala"
quieren sacar ventaja.
¡Qué poca madre de estos fulanos!

Estoy mareada con PAN
que le quitan a los más necesitados
CAFÉ que casi no hay
por falta de fertilizante.
VALOR tienen de seguir robando
ÚNEte a la FUERZA como NACIÓN
para defender a tu PAÍS.
TODOS por una Patria LIBRE.
Que germine nuestra buena decisión.
Hay semilla que CREO que GANA.

Solo es un pensamiento

Serán multados los padres
que no envíen a la escuela a sus hijos.
Serán multados los padres
que envíen a trabajar a sus hijos
menores de 18 años.

Serán multados los que boten basura.
Serán multados los que no respeten
las reglas de tránsito.

Serán multados y encarcelados
los servidores públicos que se dejan sobornar.

Serán multados y encarcelados
los ladrones de la patria.

Deseos de mi corazón
pensamientos vagabundos.

Marla Rodas

Cada cuatro años

Cada cuatro años
se despedazan como hienas
engañan al pueblo con su generosidad.

Campañas mediocres
solo generan lástima.
Estrategias políticas
con el mismo modelo.
El país está cada vez en declive.

Pobres criaturas que aún no nacen,
les espera la deuda
del voto de sus bisabuelos.

Bien dicen
que no hay peor ciego
que el que no quiere ver.

¡Me dueles Guatemala!

Fatalidad

La pobreza sobrepasa los límites
la abundancia en pocos lugares.

La paciencia está cansada
la soberbia sobrepasa la ineptitud.

La educación carece de futuro
la payasada sigue en el presente.

La salud sin mérito a un cambio
la delincuencia va en aumento.

La seguridad se desgasta en aviones
la inteligencia brilla por su ausencia.

La conciencia tiene corazón de hierro
la muerte tiene olor a injusticia.

La felicidad no viene completa
le faltan manos de conciencia.

Marla Rodas

Exilio

No hay motivo justo
para silenciar mi verdad.
¡El peligro huele a muerte!

El silencio de muchos
fue enterrado en una fosa común,
en los campos florecen miedo,
han aumentado las espinas del dolor.

De prisa...
encamino mis pasos al exilio,
mi verdugo me persigue
me escondo de su sombra.

Bajo el ala del águila
guardo mis secretos,
sano mis heridas.
Volveré...
cuando la justicia
no pague favores.

Detrás

Detrás de una cara cansada
de palabras huecas,
sólo se las lleva el aire.
Detrás de creencias hipócritas
de bendiciones sin sentido.

Detrás de un cuerpo pesado
de paso lento
de apariencia gentil,
es el reflejo del espejismo.

Detrás de la apariencia
se desvanece la esperanza
como agua entre los dedos.
¡El respiro no llega
ni llegará!

Detrás de un sueño frustrado
el retorno es el castigo.
Ni aquí, ni allá, para pena de males.
Detrás de unos ojos con sueño
las élites no duermen
velan al descuido
atrapan al cautivo.

Marla Rodas

Detrás de la calamidad
el poder gana más poder.
Muy detrás de todo
hay hambre, hay muerte.

Las almas en pena
aún sufren,
aún respiran,
todavía creen,
todavía tienen sueños,
todavía caminan
a la luz del día
con bandera blanca.

Consejos:

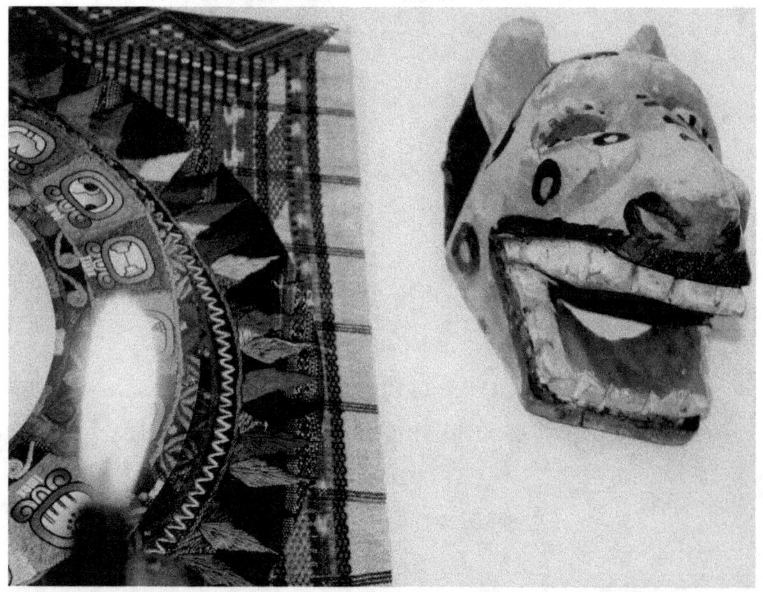

Sabiduría del momento, opinión desperdiciada que enluta al conocimiento.

Marla Rodas

Consejos

Mira bien a tu otra mitad
busca bien...
alguien que te ame con su vida,
que pueda cuidarte.
No es solo decir millones de frases.

Mira bien qué te ofrece,
amar con la vida, es más que un sacrificio,
es igualdad.
Es saber que tu amor te necesita,
no para que le hagas sexo o le regales flores,
o quizá chocolates.
Es saber cuando está enferma
cuando necesite de tus cuidos.

Mira bien si está hecha a tu medida.
Cada persona
encaja en su propio rompecabeza.

Decía mi abuela

Decía mi abuela
para sanar la herida,
hay que desinfectarla,
lavar con agua y jabón,
echarle agua oxigenada
o alcohol,
luego sulfatiazol.

Aunque duela,
aunque pienses
que vas a morir de dolor.
Días después
sólo esperar que caiga la costra.
Así es el desamor
sana porque sana.

Marla Rodas

No destruyas al amor

No destruyas al amor
con tus manos egoístas
no difames al amor
con tu boca perversa.

El amor construye
nubes del cielo,
el amor dibuja
sonrisas en los niños.

No destruyas al amor
sin conocer su efecto.

Los hombres

Los hombre necesitan,
su espacio de reflexión,
hay que darles su tiempo.

Ellos resultan peor
cuando sufren andropausia,
también son histéricos.

Todos aportamos

Todos aportamos
de diferente manera
todos aportamos
para la humanidad.

No precisamente coincidir
no tiene que ser lo mismo
es un aporte al bien.

Todos aportamos
al arte, a la ciencia
a los sueños
a los ideales.

Solo aportemos
lo mejor de nosotros
para el bien común.

La gente

A la gente no le importa
lo que te esté pasando.
Son pocas esas personas
que realmente le importas.

A la gente que le importas
esten lejos de ti
o estén cerca,
siempre están
quienes quieren estar.

La gente desinteresada
está en el momento preciso.
Estarán en las buenas
estarán en las malas.
Las que no estén
queda enfrentarlo
con valentía.

La realeza

Eres mi princesa,
eres mi reina
palabras huecas, sin sentido.
Hombre de esas frases
si entendiera el significado,
el mundo fuera distinto.

Quien dice mi reina
es un rey;
el rey da el ejemplo,
educa a su príncipe
cómo tratar a una princesa,
el rey enseña a su princesa
cómo tratar a un príncipe.

La corona; los principios,
el estandarte; los valores,
el mundo sería un cuento
el cuento sería mágico.

Prioridad

Tejamos dignidad
con los hilos de las abuelas.

Construyamos integridad
con la piocha de los abuelos.

Fortalezcamos lealtad
con el arte de los amigos.

Mujeres

Mujeres,
tengamos seguridad en nosotras
no permitamos que nos sobrepase el celo.
No seamos víctima de la suposición
conozcamos quién es responsable,
no arremetamos contra otra mujer,
sin saber la causa.

Hay mujeres que me han celado
con sus maridos rascuaches,
eso de que un día
haya tenido un marido tacuazín,
no quiere decir
que ese siga siendo mi gusto.

Mujeres,
ubiquémonos en la realidad
seamos solidarias en sororidad.

Tercos

Somos de carácter fuerte
ninguno dará su brazo a torcer,
creemos tener la razón.

Sé de tus ideologías
las mías también son de peso.

A pesar de mis ideales
trato de ser diplomática,
pero hay molestias
que rebasan los límites.

Los celos ciega los sentidos
es una enfermedad peligrosa
cualquier relación puede ser afectada
la nuestra ya tiene los síntomas.

¡No seamos tercos… rectifiquemos!

Marla Rodas

Quejas:

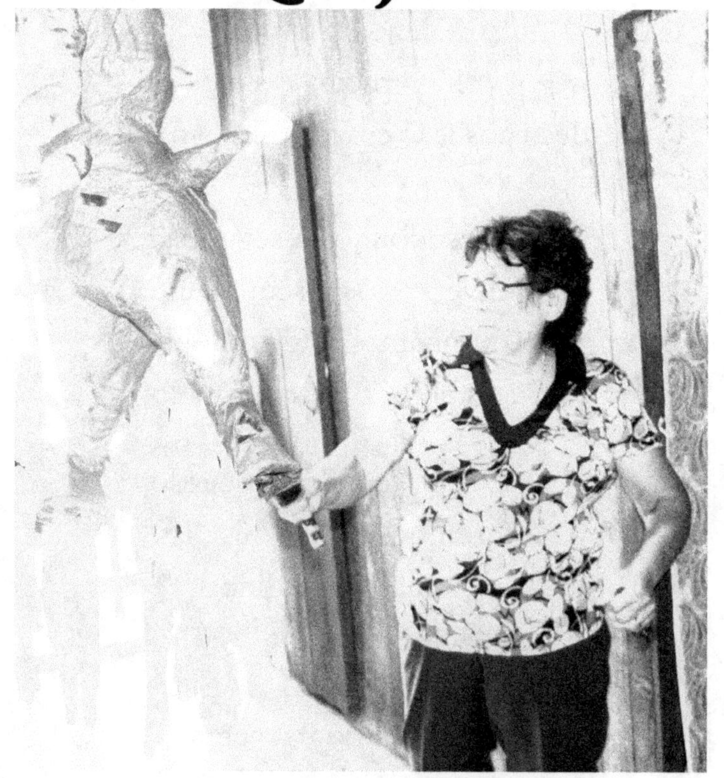

Expresión de molestia por agravio físico, moral, emocional.

Marla Rodas

Quejas

Lejos estamos
sin vernos a los ojos
decirnos las verdades sin parpadear.

Nos escribimos inseguridades
conversamos resentimiento.
Terminamos interrumpidos
con el tono desconectado.

El cansancio es asqueado
intranquilos son mis días,
tiempo perdido
a la espera de lo incierto.

Vocabulario irreverente
el sarcasmo te acompaña.

La inseguridad de la lejanía
te convierte en patán.

Voy al grano
sin tocar la bacteria de tu burla.
Que suene el timbre
por el otro lado.

Nos mantuvo vivos
la pasión de la fantasía
muere la ilusión
por la inseguridad de la lejanía.
Hoy, solo son quejas.

Tristeza y alegría

El tiempo vuelve a retroceder,
el dolor solo está congelado
la escena pasa por mi mente.

El llanto de las culpas se desborda.
¡Inerte! La serenidad de su sonrisa,
su mirada confusa.

Gritándole al tiempo:
¡Hoy no es mi día,
hoy es el día de mi hija!

Un sollozo se esconde cada año.
¡Una muerte!
¡Una celebración de vida!

Tan injusta la muerte
tan justa la vida.

Se acumulan los años
con la tristeza congelada,
se celebran los años de herencia.

Un eterno suspiro
a direcciones diferentes.

Un abrazo a la eternidad
un abrazo a la vida.
Un descanso eterno
un año más de vida.

La santa

Ella es una santa
dijiste en son de burla
ella va a misa.

La santa posa desnuda
busca tu crucifijo de rodillas
lo venera como fanática.

Religiosamente satisface tu deseo
entra en trance
se persigna
reza ante el pecado.

La santa va al confesionario
omite el sacrilegio
pide comulgar.

La duda

La duda es una daga
hiere, sangra despacio,
la distancia la provoca.

La duda no descansa
camina sonámbula
tropieza a ciegas.

La duda envenena
mata la relación
sin previo aviso.

La duda es adicta
no hay antídoto.

Marla Rodas

Te vas

Te pierdes de mis alcances
ya he llorado tus travesuras
ahora me sos indiferente.

Tengo coraza de amor propio
no me daña tu indiferencia
tampoco tus berrinches.

Te veo partir
sin herir mis sentimientos.

Antes

Antes eras luz a mi camino,
ahora sos parte de la monotonía,
apagás la luz, cerrás mi puerta.

Aliviás mi deseo desenfrenado
con caricias forzadas
a media luz.
No te diste cuenta
que me perdías,
tus mentiras
tienen mucho peso.

Sos lo que quise que fueras
no lo apreciaste,
no lo valoraste.
Sé que te espera cualquiera
corré, divértite
con lo que te queda.

Marla Rodas

La distancia

La distancia huele a te extraño
tiene matices de, deseo abrazarte
tiene sabor a bésame despacio.

La distancia se me ha hecho pesada
el aire solo me trae tu aroma
tus gestos vagan en mi memoria.

La distancia me ha castigado
te llevó lejos de mí
te has quedado en mis pupilas
te has llevado mis ojos.

El tiempo me regaló
estrellitas de felicidad
y una enorme adicción a ti.

Frialdad

De a poco se forma la escarcha
con miradas frívolas
con un silencio de ultratumba.

La frialdad está en las palabras
una a una ruedan como piedra,
forman caminos desolados
acumulados de áspera molestia.

El corazón se endurece ante la frialdad
no se cobija de perdón
ignora el valor del amor
dejando huellas de olvido.

Marla Rodas

El enojo

La barrera del enojo
obstruye el paso del amor
impide las caricias deseadas
se pierde el beso
se pierden las palabras.

El enojo es un enemigo peligroso
entra callado
destruye la tranquilidad.

El enojo envenena
asesina conciencia
rompe con acuerdos
disuelve amores.

El enojo se vuelve silencio
amargura como la hiel
es piedra de rencor
que solo trae tristeza
y el llanto la acompaña.

No tengo ganas

No tengo ganas de escribirte
has decepcionado mi razón de ser,
no tengo ganas ni de escucharte.

No tengo ganas de saber tu nombre
has traicionado mi confianza
me has roto la esperanza.

No tengo ganas de disculparte
me abandonaste cuando te necesité
has hecho la llaga más grande.

No tengo ganas de saber de ti
ni hoy, ni siempre,
ya puse flores en tu sepulcro.

Enterré tu recuerdo en el olvido.

Marla Rodas

Atropello:

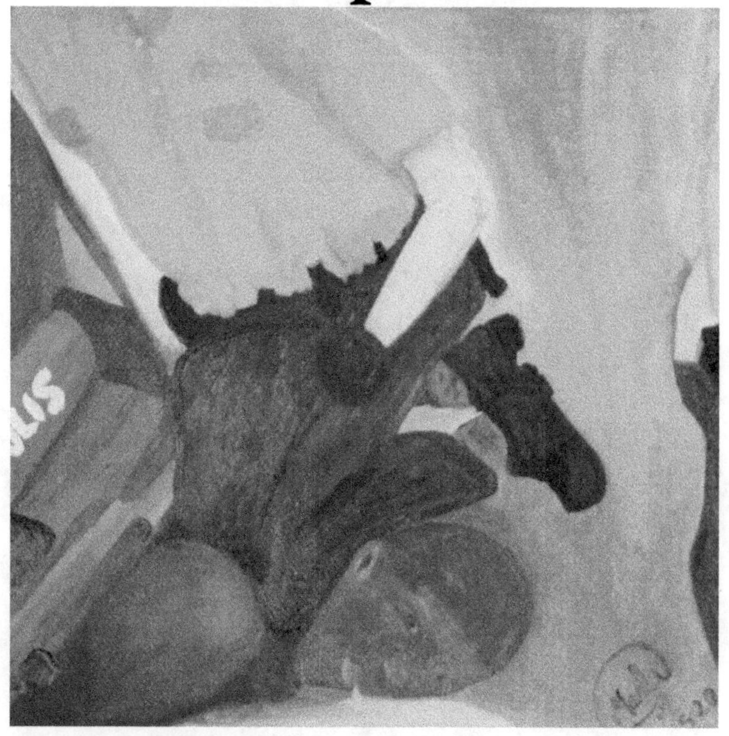

Acciones abusivas, con intención arbitraria de perjuicio.

Marla Rodas

Atropello

A la distancia
se esfumó la aurora,
el resplandor de la ausencia
lleva melancolía.

Han lastimado sus colores
se quedó en la oscuridad.

El tiempo ha atropellado
el resplandor de la tarde.
Los amaneceres ya no brillan igual.

Se hace pesado respirar
los montes son polvo al caminar.
El rugir del pájaro de acero
se pierde en una nube gris.

Se envejece el alba
en espera del crepúsculo.

No puedo respirar… por las injusticias

No puedo respirar
exclamación de auxilio.
Sin respeto a la vida
la vida
quedó atorada
en la rodilla irónica.

No puedo respirar
se escucha por los rincones
voz de socorro
silenciada por sirenas de patrulla.

No puedo respirar
clama el pueblo
por su hijo.
Por los puntos cardinales
duele la entraña
de la justicia.

Marla Rodas

No puedo respirar
ciega la ira de algunos,
da rienda suelta al vandalismo
la delincuencia se alborota.

No puedo respirar
se escuchó por última vez,
sin remordimiento
guarda su mano
en el bolsillo.

No puedo respirar
el último aliento de vida
arrebatada por el racismo
sin compasión al ser humano.

¡No puedo respirar por las injusticias!

S.O.S V.O.Z

Despiadado

Despiadado el ser humano
que daña a otro ser humano
sin remordimiento,
sin temor a Dios.

Despiadado al pensar
condenarse por una mentira
herir por diversión
poseer otros sueños.

Despiadado robar la inocencia
ultrajar la dignidad
cubrirse con una sonrisa
burlar la autoridad.

Despiadado el ser humano
que mata con palabras
cubre el delito en otros ojos
se lava las manos con cobardía.

Marla Rodas

Llueve

Llueve lágrimas de descontento
llueve lágrimas de preocupación
llueve lágrimas de alegría.

Hoy, el día es gris
con matices nostálgicos
con sentimientos encontrados
con las rodillas entumecidas de rezar.

Hoy llueve bendiciones
el cielo derrama lluvia
lluvia de esperanza y consuelo.

Hoy, llueve tristezas de héroes
aquellos que han muerto
para conservar la democracia.

El abuso

El interior grita auxilio
la lesión se esconde
en las faldas del miedo.

Romper con el paradigma del maltrato
requiere aliarse con la valentía
mirar a través de los ojos de la dignidad
y no escuchar el qué dirán.

Pocos caminan con la delicadeza
sin romper la fragilidad del respeto
se descuidan ante el amor abusivo.

Se vuelve rutina la ofensa
se vuelve pretexto el insulto.

El abuso no es amigable
se convierte en cadáver.

Marla Rodas

Soldado

Caminé distancias interminables,
mi cuerpo...
sostenía casi cincuenta libras de equipo,
solo,
peleando tu soberanía.

Aturdido de tanto explosivo
escapar no era opción,
me guardé la cobardía,
resistí,
hasta un nuevo amanecer.

Volví mutilado
lleno de pesadillas
sin una vida normal.

Tantos uniformados
vueltos polvo,
una lápida guarda el esfuerzo.

Mis vivencias me atormentan
echado al abandono he quedado.

S.O.S V.O.Z

Deambulo por las calles
me he quedado sin morada.

Ahora me llaman loco
vagabundo
sin hogar.

El sistema me ha hecho loco
soy vulnerable
soy un tipo pensante
con luzasos de coherencia.

Marla Rodas

Protestas

Las calles se llenan de protestas
los mensajes son alentadores
gritan:
¡Derechos!
¡Respeto!
¡Igualdad!

Me duermo con la mala noticia
el blanco
domina los otros colores.

Me despierto con la mala noticia
el negro
hiere a muerte
desquita su ira
con el menos afortunado.
¿Derechos?
¿Respeto?
¿Igualdad?
Todas las vidas importan.
El color que exige;
ha teñido de rojo las calles
con sangre de la piel castaña.

S.O.S V.O.Z

Estos casos quedan al olvido
nadie protesta
por las injusticias al color castaño.

No hay igualdad
asesinan a inocentes
humillan
atropellan
y protestan por sus derechos.

La maldad

¡La maldad anda suelta
llega vestida de buena gente!

La maldad tiene ojos de traición
convence con voz de dulzura
sonríe con gestos de mala fe.

La maldad tiene manos de codicia
saluda con el puñal por la espalda
roba la paz con su soberbia.

La maldad tiene pies de envidia
camina al lado de la calumnia
se burla de la verdad.

La maldad tiene cara de mentira
lleva máscara de sinvergüenza
viste y calza de falsa moral.

S.O.S V.O.Z

Machismo

Rendir obediencia
con el constante sí
mantiene a salvo la integridad física,
las abundantes sonrisas
genera costumbre absoluta.

Pronunciar un desacuerdo
con un impensado no
alborota al atropello,
en algún momento
habrá un caos en contra.

Poco a poco
muere la identidad
parecida a una rosa recién cortada
los pétalos de la personalidad
se caen uno a uno
ya no tiene raíz
se marchita hasta la muerte.

El dominio del machismo disfrazado
palabras hirientes
después el arrepentimiento
sin perder el señorío.

Marla Rodas

Tanta felicidad desperdiciada
por contradecir las órdenes
dócil para vivir en paz.

Impone autoridad sobre voluntad.
El amor huye del maltrato.

El perjuicio de los daños es lento
sometida a la esclavitud de identidad
disimulado con amor del bueno.

El montaje de una vida saludable
roba la expresión de libertad
hay que someterse al dueño
según el registro matrimonial.

La libertad de identidad propia
lentamente desaparece,
predomina la huella del machismo
sin gritar por la defensa.

Se opaca el camino del amor,
muere la autoestima
muere la alegría
muere la sonrisa
muere la identidad
muere la libertad.

S.O.S V.O.Z

Depredador

Hay gente que piensa en hacer la guerra,
ya nacen con mala sangre...
Cargan olor a muerte.

Nótese en los gobiernos,
compran arsenal de guerra
y sus pueblos mueren de hambre
mueren de tristeza
mueren de dolor
mueren de desgracia.

¡No inviertan en las guerras!
Inviertan en educar al mundo, ¡es urgente!

Hay gente sin hogar,
algunos porque así les gusta,
sin medir las consecuencias...
daños a terceros.
Otros porque no tienen opción,
pero se acostumbran a la miseria.

Para los trabajadores no hay trabajo.
Los niños en el absoluto abandono
sin la educación, sin la salud,

sin la vivienda, sin la alimentación,
que por derecho de niño, ¡le corresponde!
Todo está de mal en peor.

Hay personas teniendo hijos al por mayor
cuando no tienen un futuro que ofrecerles.

¡Eduquémos!

El libre albedrío se convirtió en libertinaje.
El derecho ajeno es la paz… pero
cuando les conviene.

Las protestas perdieron su objetivo,
los resultados no son los deseados,
las ciudades terminan como basureros,
más desorden, más violencia.

El medio ambiente es eso, "medio"
medio viven los peces en los desagües
medio viven los animales en la selva mutilada
medio vivimos... en la contaminación.

¡El depredador solo mira su beneficio!

Pandemia:

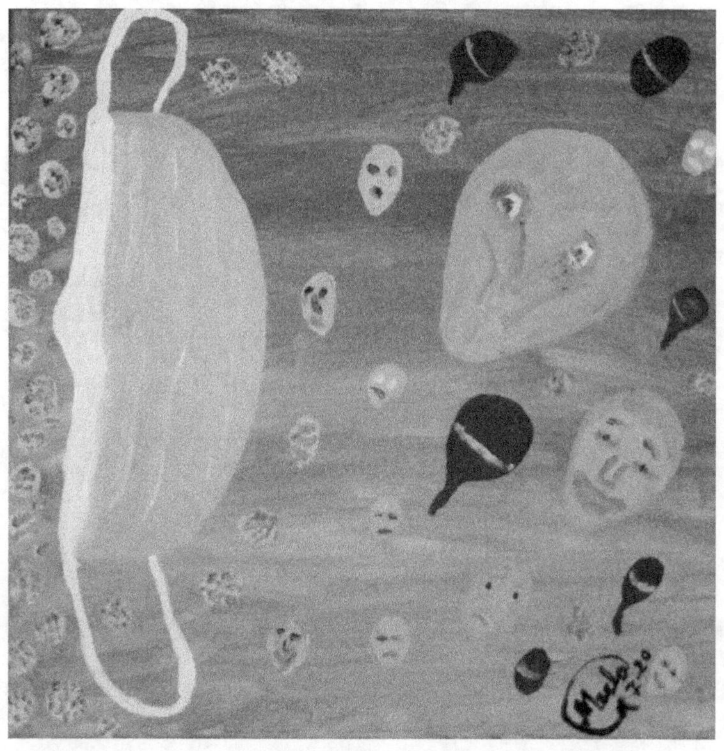

Afección extensa, destrucción de vidas. Miedo, tristeza, llanto.

Marla Rodas

Pandemia 2020

A paso acelerado
caminaba la rutina,
sin voltear a ver
el agravio que a su paso
marchitaba.

¡De repente!,
el tiempo se detuvo,
envejecido en cuatro paredes
sin que el reloj
detuviese sus manecillas.

La noticia era agobiante
la humanidad sufría,
dolor
llanto
olía a muerte.

Se les había olvidado
las reuniones en familia,
en este siglo
la lección se repetía.

S.O.S V.O.Z

La mirada
se había congelado
sin parpadear
por el asombro,
un cadáver
mal enterrado
carcomido por las lombrices
igual salió a balbucear
a la quinta avenida.
¡Los otros son cenizas!

El susto
pasa desapercibido,
el aburrimiento
sin conciencia,
las mentes huecas
asesinan al respeto.

Predomina la protesta
si se hace... malo
sino se hace... malo.
¡Dios se ha decepcionado!

La modalidad de este siglo
es la copia del pasado
el bozal provoca silencio
es casi lo mismo.

Marla Rodas

Pocos
con espíritu altruista
decididos a volcar al tirano.

Solidarios,
valientes ante el COVID-19,
¡héroes!

Pocas almas han entendido,
se han conectado,
se han reinventado
han tomado conciencia.
¡Sueño trazado, sueño logrado!

El confinamiento
ha confundido la razón,
el sentido común
tiene enredaderas de maldad.

La libertad desconoció su origen
se hizo piedra en el corazón.

La pandemia 2020
sacudió la economía global
enfermó a los más vulnerables
asesinó a muchos inocentes.
La enseñanza no se guardó.

La vida y la muerte

Camina la flamante muerte
a la par de cada viviente,
lleva sonrisa soberbia
desafiante es su burla.
El desobediente no cree
comete errores de suicidio,
baila al ritmo de la calaca
sin preocupación alguna.

Ese monstruo disfrazado
promete sentenciar la vida,
aniquila a los vulnerables
da rienda suelta al régimen.
Con nombre ilustre
las arcas vacian.

El encierro es desquiciante
reniegan los inconscientes,
le hacen cosquillas a la muerte
luego lloran ante su difunto.

Marla Rodas

La vida le sonríe a la muerte
la higiene
es su aliada,
la obediencia
su armadura,
la conciencia es su amiga.

El gigante invisible
con el calor se derrite,
el amor es fuego...
debe seguir ardiendo.

Empatía necesita la vida
y no morir ante la indiferencia,
que muera la ignorancia,
que viva la humanidad.

Pesadilla

Despierto en medio de una pesadilla
aún despierta sigo asustada
las noticias solo comentan
de mi escalofriante pesadilla.
Frente al televisor,
pendiente;
rogando que sea solo una falsa alarma,
como muchas de las noticias.

La terrible enfermedad se propaga
el continente asiático en cuarentena,
mi corazón se aceleraba a cien por hora.
Mi hijo mayor vive en un país cercano.

Mi primer contacto del día, fue él,
mi angustia era inminente.
Todo está bien, me dijo.
Preparaba una caja de regalo
faltaba más de un mes para su cumpleaños
me dijo: mascarillas N95 podrías enviarme.

Marla Rodas

Una semana después
comencé a buscarlas;
mi sorpresa,
no había mascarillas de ningún tipo.
La noticia no llegaba al continente americano, ni
siquiera en Europa
donde era uno de los epicentros catastróficos.

Estaba asustada
comenté lo sucedido
nadie creía en lo que podía pasar.

Iba comprando suministros alimenticios,
desinfectantes
alcohol
alguna que otra cosa necesaria
en caso de emergencia.

Pude conseguir unas mascarillas
la caja la envié antes de tiempo.
Pocas semanas,
el mundo entero estaba contagiado.
Confinados, aterrorizados.

Un mes estuvimos sin salir de casa
había que buscar insumos.
El miedo se apoderaba de mis sentidos.
Me llené de valentía
e impuse mi regla de oro antes de salir.
Levantarme muy temprano,
a primera hora en el supermercado
casi no hay gente,
guardé mi cabello con una gorra,
zapatos cómodos,
ropa cómoda y fácil de quitar.
Llevaba gel o alcohol,
guantes y mascarilla.

Al llegar al supermercado,
desinfectaba el carrito,
mantenía distancia de otros.
Seleccionaba los productos de la lista
salí de allí lo más pronto posible.

Marla Rodas

Al llegar a casa, antes de entrar
me quitaba los zapatos
desinfectados, con las suelas mirando el sol,
desinfectada antes de entrar a casa,
los productos los colocaba en una sola zona
y desinfectarlos uno a uno;
las frutas y verduras,
colocadas en agua con sal
secados uno a uno.
Desinfectar la zona donde se colocaron los
productos.
Las bolsas reusables
estaban desinfectadas y expuestas al sol.
El baño de pies a cabeza
la ropa usada
desinfectada de nuevo
guardada en bolsa plástica,
gárgaras de sal con agua.

Hervía hojas de eucalipto
con una toalla cubría mi cabeza
me hacía vaporización.

Un té bien caliente
para terminar el protocolo.

Todas las veces que alguien salía
era el mismo procedimiento.
Los cuidados extremadamente realizados
al pie de la letra.

Recordé los momentos felices
compartidos con gente valiosa;
lloré algunas veces,
me deprimí
y volví a llorar.

La pesadilla aún no termina
la pandemia
se ha llevado a mis conocidos,
contagiada dos veces,
ya vacunada
y sigo con precaución.

Marla Rodas

Planes frustrados

Un día lo tenemos todo
otro día extrañamos lo que no valoramos.

Muchos planes frustrados
se quedaron fuera de circulación
mi agenda realizada
se quedó estática
sin saber hasta cuándo,
vuelve al movimiento.

Pocas personas interactuaron conmigo
al tanto de mi estado de ánimo
a muchas llamé para animar
pocas contestaron mi llamada.

La solidaridad a flor de piel.
Se volvió humana
la mayoría de los habitantes de la tierra.
Supimos la realidad de qué estamos hechos.

S.O.S V.O.Z

Se fueron calmando las aguas
despacio a la normalidad.
Volvimos a confiarnos
volvimos a revelarnos
seguimos confinados.

Calaverita

Al compás de la matraca
sondeando los campos de flores,
suena sus huesos la calaca
viendo quién se muere de amores.

En estos tiempos de pandemia
la catrina quiere un respiro,
ya no hay noches de bohemia
solo lágrimas, dolor y suspiro.

La muerte ya no camina como antes
se sienta a esperar al siguiente mortal,
los descensos son más constantes
no hay velorio, ni un buen funeral.

Reinventar

Sufrimos al inicio
sin encontrar el camino
varados en nuestra propia casa
sin poder ir a ningún lado.

La frustración explotaba
el llanto aumentaba
no hubo entierro digno
no hubo velación.

El mundo se reinventa
de muchas maneras
ocupar tanto tiempo libre
requiere de una fuerza voluntaria.

Tantas cosas simples por hacer,
nos complicamos,
nos deprimimos,
aumentó las malas rutinas.

Marla Rodas

En cualquier circunstancia
realicemos proyectos,
sueños,
planes,
con sazón de perseverancia y amor
quince días, se vuelve rutina.

En el confinamiento
mis recuerdos se agudizaron
volví a recordar las enseñanzas de mi abuela;
ella me decía:
Levantate temprano,
tendé tu cama, bañate
perfumate, aunque regreses a la cama.
¡Rutina sorprendente!
Al hacer la cama, es un método eficaz
me impide volver a la cama
me mantiene activa todo el día, sin salir de casa.

Bañarme a primera hora y perfumarme,
todos mis sentidos se activan
me siento fresca todo el día.

La rutina la hace la disciplina
la disciplina te da resultados.

Desempolvé los conocimientos
aprendidos con mi abuela
realicé sus recetas.
pude palpar la esencia que ella me dejó.
Me remonté al tiempo con ella.

Tenía años de no dibujar;
comencé a arriesgarme
dejé volar mi imaginación en la pintura,
las ganas de hacer las cosas
te dan como resultado, una sorpresa.

Amo escribir
tomé el riesgo de ir más allá del verso.
Las grandes cosas comienzan
con pequeñas desde el principio.

Hay tantas historias que contar.
Las historias no son de quien las cuenta,
sino de quien las vive.

Marla Rodas

1

Las historias no son como te las cuentan,
al menos que lo hayas vivido.

Contaremos cómo llegamos al final del túnel
lo que aprendimos en esta pandemia
volveremos a renacer
quedaremos en la historia.

Memorias

En mis tiempos de niña
llega a mi memoria los recuerdos;
el virus más común eran los piojos,
el distanciamiento social, era diferente
tomar distancia para no contagiarte.

Quedarnos en casa
la mejor medicina
para combatir a este virus.

Recordar los bellos momentos
que se compartieron a tiempo.
Volví a escribir cartas
a enviar postales,
decirle a una amiga
que quiero volver a verla.

¡Extrañar! Se ha vuelto estado de emergencia.
¡Valorar! Es mantener tu distancia social.
¡Amar! Es salvarte de la muerte,
sin abrazos, sin besos.
¡Amistad! Es mantenerte en casa a salvo.

Marla Rodas

Enfermedad

Se pelean batallas todo el tiempo,
enfermedades desconocidas o provocadas,
estoy peleando, la peor de mis días.

Me refugié en mi fe,
en la misericordia del Todopoderoso.

Me formé una visión revolucionaria
solté el tratamiento y salvé mi vida,
era, morir o vivir con dignidad.

Cambie mi estilo de alimentación
cero azúcar para comenzar,
el cáncer comenzó a morir de hambre
tuvo una muerte natural.

El cáncer es una advertencia
no una sentencia.
Es una enfermedad, como muchas;
hay que atenderla a tiempo.

Reparación:

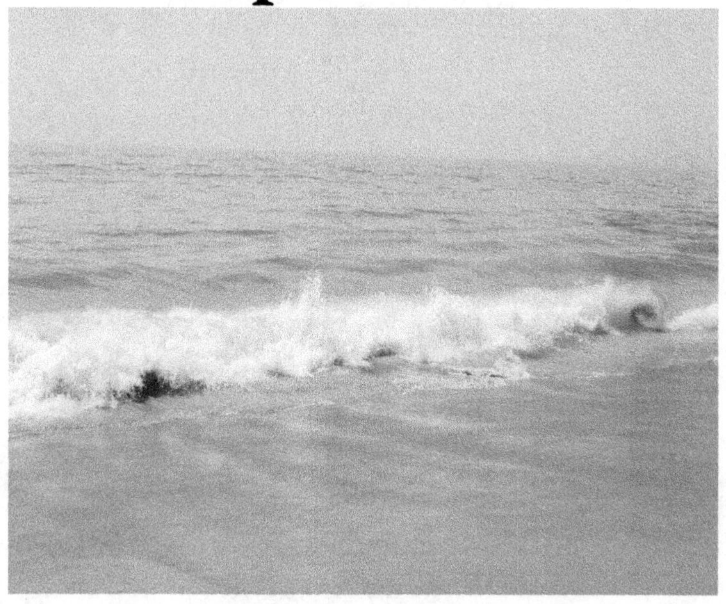

Compostura de un daño, sin resultados perfectos.

Marla Rodas

Reparación

Encontrarme con tus ojos
en medio de la oscuridad,
fue luz a mis ojos ciegos.

Encontrarte en medio del caos,
reírnos por nada y de todo,
me liberé del estrés mortal.

Encontrarnos sin planes hechos
revivió de nuevo la esperanza.
El destino te paga
lo que te debe,
también te quita
lo que no debe.

Encontrarme con tu sabiduría
me enseñó que siempre hay,
un roto para un descosido.

Encontrarte con mis heridas abiertas,
¡fuiste el bálsamo!
Calmaste mi dolor sin anestesia.
Coincidir no fue casualidad…
Volvernos a encontrar será el reto.

S.O.S V.O.Z

Remiendos

Supiste de mis lienzos remendados
pintaste sobre ellos el mejor paisaje.

Coloreaste mis cicatrices con besos
besos de colores brillantes.

Cubriste mi ruptura con tu amor
llenando mi corazón de felicidad.

Borraste las marcas de mi amargura
con pinceladas de ternura.

Los verdaderos amores entienden
alivian, reparan y construyen.

¡No abandonan!

Marla Rodas

Espíritu errante

El espacio confabula con tus palabras
sin eco ni resonancia,
no había presente ni futuro en ellas
eran sencillas y hurañas.

Se fortaleció un vínculo cercano
tan parecido al despistado amor
con sabor a malos amores
con heridas que sangraban soberbia.

No hubo juramento ni compromiso
éramos espíritus errantes.
Nos volvimos selva
dentro de la selva.

El destino se encargó de abrir la brecha
jurar en vano nos hace esclavos
y las sonrisas se vuelven cadenas
ante la rutina desabrida.

Una mirada honesta me llenó de dicha
caminé la tierra sin pertenecías
sin atadura a la vida
sin prejuicio ni arrepentimiento.

S.O.S V.O.Z

Los amaneceres y anocheceres
se bañan con aroma de dislate
no hay historia para cotillear
todo parece silencio y calma eterna.

El quejido solo murmura con las paredes
sin ofender los jardines de la selva
no hay regreso al paradigma anterior,
la fortuna solo se sostiene una vez
se toma o se abandona.

Pobre alma libre

Pobre alma libre
confinada a lo desconocido
envejecida a través del tiempo,
a la espera de algún día
alcanzar un engaño.

Pobre alma libre
pierdes tiempo de vida
atada a la imaginación,
vives en la fantasía,
te pierdes de la realidad.

Pobre alma libre
desgaste físico
duros son tus días.
Tu esfuerzo agotador
cubre necesidades de otros
llegas a final de mes
en números rojos.

La senectud te consume
y tu quimera aumenta.

Pobre alma libre
erudita de conquista virtual
corta de sabiduría.

Pobre alma libre
mente amplia en teoría
escasa en conducta.

Pobre alma libre
ligada a un sentimiento perdido
olvidada en la soledad del tiempo.

Pobre alma libre
de palabras abundantes
y de pocas acciones.

Pobre alma libre
el peso de la espera se te nota
te quedaste atrapada en el pasado.

Pobre alma libre
nunca sabrás la realidad
del sabor a libertad.
Seguirás esclava de lo ignoto,
sin consuelo a tu tristeza.

Marla Rodas

Pobre alma libre
mueres despacio en tu propia ilusión,
con sueños rotos
con futuro frustrado
y sin un verdadero amor.

Pobre alma libre
se te fue de las manos tu otra yo,
un simple artefacto
te ha consumido la vida.

Ajeno

No puedo estar con lo ajeno
aunque no seas ajeno.
Estás conmigo y vivo contigo.

Tu sentir, tu deseo, vuelan a otros lados.
Mi sentir, mi deseo se frustran,
siento traicionar mi ética de integridad.

Te veo y mis ojos te desconocen
te toco y mis manos te reclaman,
te beso y ya no hay magia.

Quiero recuperar lo que no tuve
intentar la conexión con tu química,
saborear un suspiro con mi nombre.

Te siento ajeno, ausente.
Estoy al roce de tu piel,
y tú, vuelas a kilómetros de distancia.

Tu aroma es diferente,
mi olfato rebusca tu esencia
y encuentra olor a Aspasia.

Marla Rodas

Te siento ajeno,
de esos; hay muchos allá afuera
como halcones hambrientos.
Me alejo de lo ajeno.

Respiración

Has entrado en la profundidad del sueño
escucho el eco de tu alma,
mis oídos no entienden el lenguaje
mis ojos respiran desvelos.

La vida suena a carcajadas de ronrones
mientras cruza la tráquea de tu suspiro.
Quedas inerte en la sombra de la noche
con quejidos de luciérnagas
irrumpe el silencio.

Balbuceas sonidos abrumadores
como tortugas silbando auxilio,
el susto huye despavorido
sin soltar sus desquiciados cascabeles.

Marla Rodas

Cada Vez

Cada vez te alejas de mi visión
tu imagen está borrosa,
cada vez te pierdes de mi objetivo
no me conviene tenerte.

Cada vez me convence tu acción
no durará ésta aventura,
cada vez tropiezo con dudas
tus verdades son mentiras.

Cada vez, te veo lejos de mí
ya no te miro en mi futuro,
cada vez hay más decepciones
no sufriré más tu abandono.

Cada vez hieres mi inteligencia
estás equivocado con tu soberbia,
cada vez te haces viejo y feo
estás tirando tus últimos cartuchos.

No insistir

Cuando no te valoran
es mejor dar la media vuelta
sin dejar un adiós
y caminar en silencio.

Cuando no te priorizan
es mejor correr lejos
sin dar explicaciones
y que el tiempo te de la razón.

Cuando no te aprecian
es mejor ignorar la indiferencia
no insistir en el mismo dolor
y sonreír que la vida es solo es una.

Cuando te amargan por nada
es tiempo para la retirada
sin sacar bandera blanca
y no volver por nada del mundo.

Marla Rodas

Rectifico

Solo te observo
solo analizo
me hago la sorda
la disimulada
aún creés que nací ayer
no me chupo el dedo.

Te miro
sonrío de soberbia
sos libreta vieja
que re-escribo en ella.

Rectifico mis decisiones
resguardo mi corazón
ya no estoy tan enamorada.

Me equivoqué
lo rectifico.

Lo mismo todos los días

La misma rutina
suspira en la cocina,
los mismos ojos tristes.

El mismo desgaste
en la sábana tiesa,
los mismos besos desabridos.

El mismo sentimiento retorcido
con ganas de volar distante
sin retorno alguno.

La misma agonía
de todos los días,
la sonrisa fingida,
la mirada perdida
por el desamor.

Las mismas palabras de aburrimiento
el pensamiento en otro nido,
la misma historia repetida.

Marla Rodas

Cáncer

Cuando la vida nos da un alivio,
no debemos confiarnos
algo malo nos espera.
Debemos estar preparados
para cualquier eventualidad inesperada.

Creí estar en santa paz
alejada del estrés,
pero el enemigo no duerme.

Después del día laboral rutinario
tomándome un respiro,
relajada en un sillón de mi casa,
fue allí, cuando sentí una punzada
demasiado dolorosa, en mi seno izquierdo.

Me preocupé,
porque conozco mi cuerpo
y esa sensación fue repentina.
Por inercia
llevé mi mano derecha a mi seno
para apaciguar un tanto el dolor.

Mi sorpresa y susto
fue sentir en esa área,
un absceso del tamaño de una pelota de jax.
Mi corazón comenzó a latir muy fuerte,
como un mal presagio.
Respiré profundo
comencé a respirar lentamente... como diciendo:
inhala paz, exhala estrés,
hasta que mis niveles de ansiedad se apaciguaron.

Ya un poco relajada, comencé a analizar:
qué onda con esto.
En ese instante;
va pasando toda mi vida
desde que hay memoria.

La balanza de lo bueno y lo malo
empieza a medirse,
antes que la balanza se incline a lo positivo;
comienzan los qué, cómo, cuándo y porqué.

Después de analizar la situación
corrí a una sala de emergencia,
un tumor fue el resultado,
todavía sin consecuencias.

Marla Rodas

Comenzaron los exámenes,
biopsias y más exámenes.

Días después,
esperaba la noticia de los resultados;
el rostro médico lo dijo todo.
Escuché sin dejar de parpadear,
con mis ojos aguados,
como un disparo,
retumbo en mis oídos, “no hay tratamiento”

¡El cáncer es muy agresivo!
Solo grité: Quiero tiempo para ver a mi hijo,
estar en su boda; lo demás no importa.

Los especialistas dijeron:
No todo está perdido,
tendrás tiempo para eso y más.

Lloré, mientras volvía a mi hogar temporal,
grité y reclamé.
No hay fe, ni esperanza
en estos pequeños momentos.

Sin embargo la paz de Dios llegó a mi corazón,
acepté con fortaleza esa enfermedad.

Mi vida cambió en un abrir y cerrar de ojos,
lo que no cambió, es mi esencia y mi fe en Dios.

Estoy en esta lucha
igual que otras y otros.

He tenido que sanar de mi vida
otros cánceres con nombres y apellidos,
igual, peleo con todas las fuerzas,
contra este y otro más.

al mal tiempo buena cara
Dios hace milagros.

Marla Rodas

Dicen que es bruja

Dicen que es bruja
porque lee,
porque escribe,
porque cocina,
y le gusta el fútbol.

Dicen que es bruja
porque sabe dibujar,
porque conoce de hierbas,
porque sabe de arte,
y le gusta la jardinería.

Dicen que es bruja
porque viaja,
porque rompe estereotipos,
porque sonríe,
y le gusta brindar desnuda.

Dicen que es bruja
porque se sana sola,
porque camina descalza,
porque ama con locura,
y le gusta soñar despierta.

S.O.S V.O.Z

Dicen que es bruja
porque duerme como princesa,
porque vive como reina,
porque sufre como mendiga,
y le gusta ayudar a los demás.

Dicen que es bruja
porque se peina y se despeina,
porque se viste de cordura,
porque se desviste de pudor;
y le gusta perderse en la naturaleza.

Dicen que es bruja
porque dice verdades en la cara,
porque llora como niña,
porque canta desafinada,
y le gusta escuchar buena música.

Dicen que es bruja
porque disfruta de la lluvia,
porque se baña con lágrimas,
porque baila sola,
y le gusta correr por la playa.

Dicen que es bruja
porque se regala flores,
porque se compra chocolates,

porque se deleita con la luna,
y le gusta pelear por las causas justas.

Dicen que es bruja
porque embruja con sus ojos,
porque embruja con su sonrisa,
porque embruja con su corazón;
y le gusta el sexo y sus placeres.

Fervor:

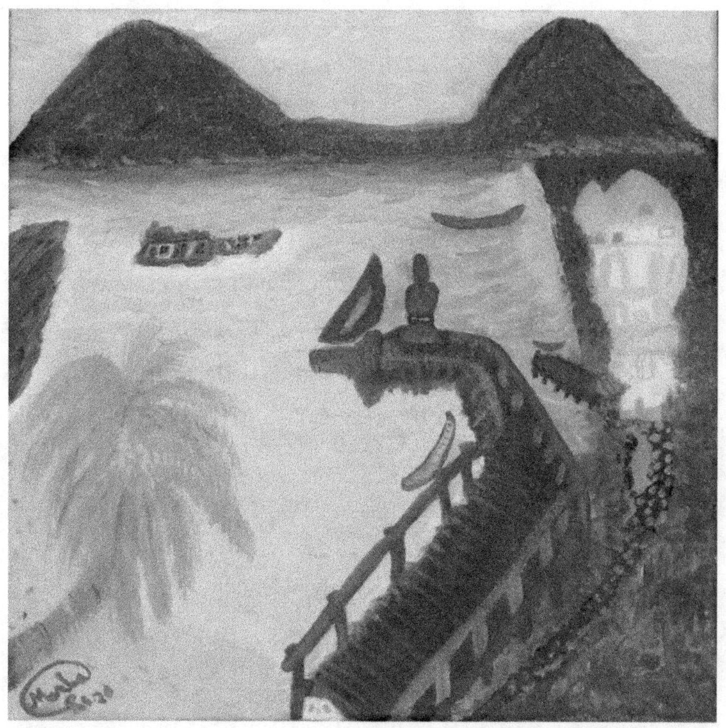

Aprieto contra mi pecho a mi raíz.
No dejo morir mi cultura, ni mis
tradiciones, ni mis costumbres.

Marla Rodas

Fervor

El mundo tiene matices múltiples
tan extremos del frío al calor.
De donde vengo…
Dios a besado mi santo suelo,
lagrimea una brisa con exquisitez celestial.

Mi pedacito de tierra…
donde todo es de color alegre,
de sonidos naturales,
de aromas a café recién molido.

El resplandor del amanecer es fresco
como la pradera.
El atardecer perdiendo la claridad
entre las suaves ventanas de la oscuridad.

Un pueblo pintoresco,
que a pesar de la nueva era,
los cambios de estructura moderna,
conservan todavía
la esencia de nuestros antepasados.

Quetzaltenango

Quetzaltenango;
tantos años de conocerte,
de saber de tu riqueza cultural,
tantos recuerdos
que le hacen cosquillas
a mi memoria.

Tierra de multi colores fríos
te acaricia la frescura
de las montañas aceitunadas.

Te embelleces
con el jardín de las Américas,
agua medicinal
nace de sus entrañas.

Bañada de torrentes talentos
con incansable trayectoria.
Territorio de calidad humana,
zona de interminable historia.

Marla Rodas

Cuna del arte y la cultura,
donde un día
alcé mi voz con poesía,
fui acogida con brazos abiertos,
en casa Noj…
todo fue algarabía.

Quetzaltenango;
terruño de muchos amigos,
territorio quetzalteco
donde quisiera vivir.
Imponente con tu luna de Xelajú,
paraíso de inspiración
para escribir.

Repleta de majestuosa arquitectura,
cada pieza
con diferente lenguaje.
Rodeada de pueblos esperanzadores,
que llenan de hermosura tu paisaje.

En Olintepeque vive una joya,
a la que llamo amiga, hermana,

florece en ella todos los talentos,
que, con su música,
al alma sana.

Enaltezco,
este pedazo de mi Guatemala,
porque en Xela
me identifico con mi arte,
su espíritu es poderoso como su gente,
la llevo en mi corazón
como estandarte.

Volveré a pronunciar versos
en cualquier rincón de tu suelo,
de la mano con mis amigas,
envueltas de esperanza y consuelo.

Tierra de eternos amores,
que nunca mueran tus ilusiones.

Marla Rodas

Respeto

Entiendo el enojo
entiendo la impotencia
sobre todo
cuando pocos alzan la voz.

Pero detesto que utilicen
nuestros símbolos patrios
para exponer su repudio.
Ponen de cabeza a la bandera
la manchan de sangre
la visten de otros colores
enlutan sus colores.

Sería coherente
colocar al no deseado de cabeza,
de blanco y negro
como quieran,
menos nuestra identidad como guatemaltecos.
Empecemos con el respeto.

Deja historia

La frescura del camino
hacen reaccionar
y recapacitar de los estancamientos que hay en la vida…
grandes distancias
abren el entendimiento
a lo hermosa que es la vida que Dios nos ha regalado.
Pueblos con historias y con sus recuerdos vivos.
Amaneceres con colores resplandecientes nuevos
con señales que hay un comienzo de volver a empezar.
Atardeceres muriendo en el horizonte con
colores vivos dejando una historia.
Deja historias vivas
que puedan contar nuestras generaciones.

Marla Rodas

Nos volvemos

Bajo el mismo cielo nos cobija la fortuna,
nos volvemos mundo en nuestro propio pensar.
Caminamos la misma tierra
somos semillas con diferente raíz
nos volvemos abono
por nuestra propia decisión.

El tiempo endulza nuestros días
o amarga la existencia.
No aplaudimos la alegría del éxito
nos convertimos en seres mezquinos.

Bajo el mismo cielo
caminamos la misma tierra
y no logramos coincidir con virtud.
Crecemos con genes prestados
y morimos sin reconciliarnos con la empatía.

Medio siglo

Me encuentro emocionada
evaluando mi entorno
llegando a medio siglo.

No hubo serenata
en estos 50 años,
quizá, camino a mi última morada,
como en todos los entierros.

Medio siglo de altibajos
con historias sin concluir,
con el presente alborotado
con el futuro incierto,
pero con el cuello erguido.

Ya mis hilos de plata se notan
las zanjas del tiempo no perdonan
los puntos de la edad se asoman.

Llegó el medio siglo
con la certeza que he vivido,
he comido, he viajado y he gozado.

Marla Rodas

He tenido dicha y desdicha
lágrimas y sonrisas
dos semillas que me enorgullecen.

Los dramas han pasado a la historia,
la madurez nunca llega
llega la sabiduría con experiencia.

El qué dirán, me tiene sin cuidado
es algo que no me quita el sueño,
las provocaciones las ignoro.

Todo lo que he hecho, hago y haré
lo disfruto sin remordimientos.
El tiempo me ha enseñado a vivir.

Llegando a medio siglo
donde me rodeo de la familia
y de mis incondicionales amigos.

Vuelvo a soñar
que regresaré a vivir en mi tierra
no quiero pasar otro medio siglo
lejos de donde pertenezco.

Reyes magos

Reyes Magos; no quiero regalos
quiero un abrazo a esta nostalgia.

Quiero un beso en esta soledad
sonrisas para calmar mi tristeza.

Reyes Magos; no quiero regalos
quiero pedazos de amor sincero.

Quiero palabras que salgan del alma
quiero consuelo a mi dolor.

Marla Rodas

ISBN: 978-1-961083-08-0 (6o libro) Poesía

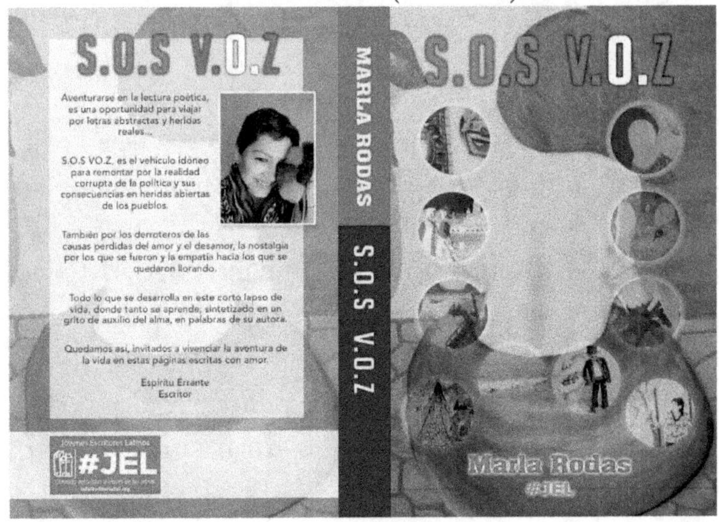

ISBN: 978-1-953207-03-6 (Novela, traducida a inglés)

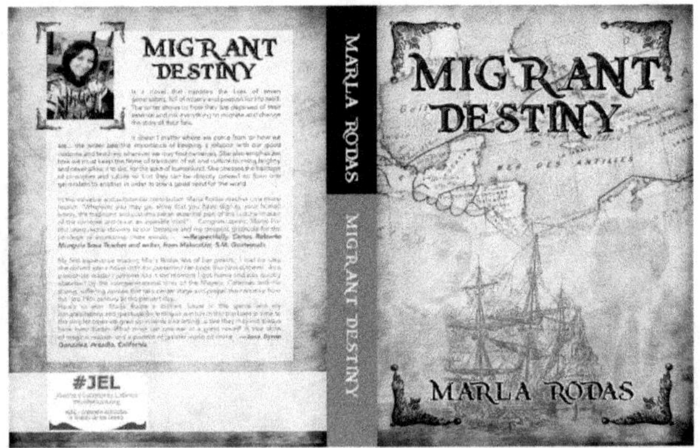

S.O.S V.O.Z

ISBN: 978-1-953207-03-6 (5o libro) Novela

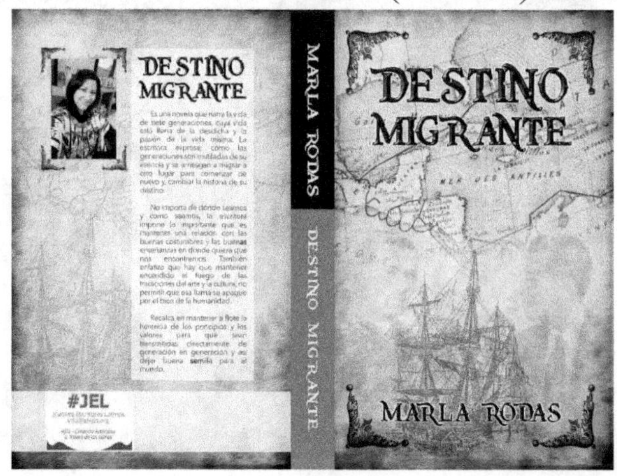

ISBN: 978-1-953207-08-1 (4o libro) Poesía

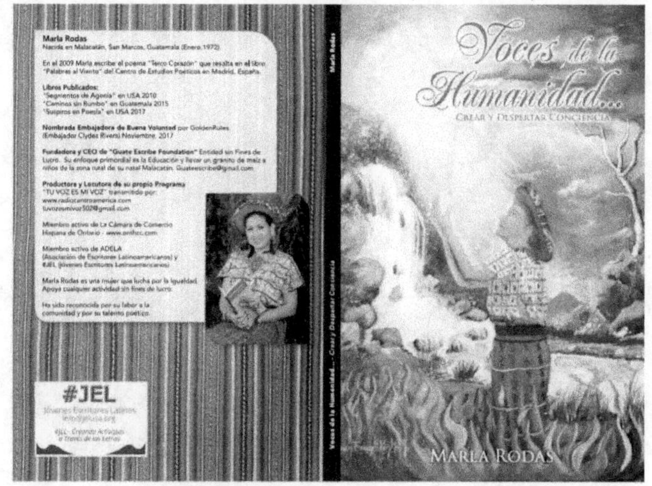

ISBN: 978-1-5323-4713-9 (3er libro) Poesía

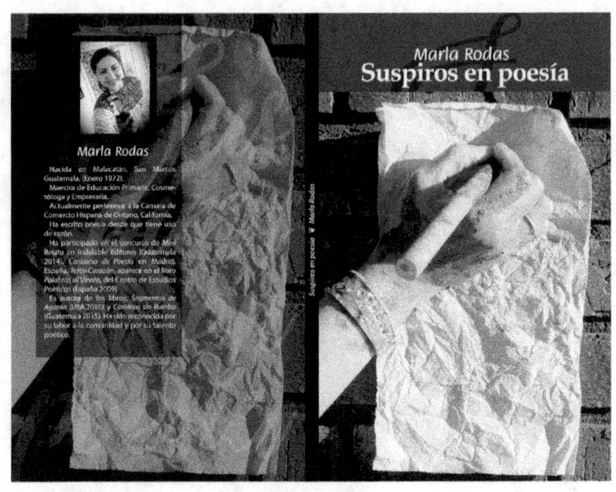

ISBN:978-9929-711-00-6 (2o libro) Poesía

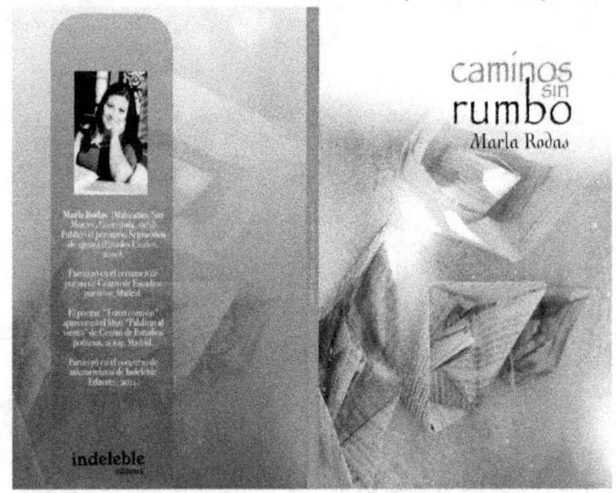

ISBN: 978-1-6176-4357-6 (1er libro) Poesía

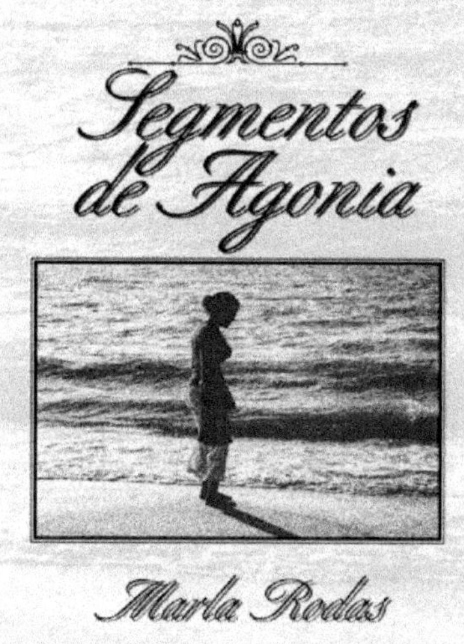

www.ingramcontent.com/pod-product-compliance
Lightning Source LLC
LaVergne TN
LVHW020719110826
845149LV00012B/2334